LA CREACIÓN

BART MOEYAERT ESCRIBE LA CREACIÓN EN COLABORACIÓN CON LA NEDERLANDS BLAZERS ENSEMBLE PARA LA PRODUCCIÓN TEATRAL MUSICAL DE LA CREACIÓN DE HAYDN.

TÍTULO ORIGINAL: DE SCHEPPING
PUBLISHED BY EM. QUERIDO'S UITGEVERIJ B.V., AMSTERDAM
PRIMERA, SEGUNDA Y TERCERA IMPRESIÓN, 2003; CUARTA IMPRESIÓN, 2004

EDICIÓN EN CASTELLANO:

WWW.BARBARA-FIORE.COM · EDITORA@BARBARA-FIORE.COM

ISBN-10: 84-934811-0-6
ISBN-13: 978-84-934811-0-0
DEPÓSITO LEGAL: CA 211/2006

TRADUCCIÓN: ANNA BELLOSTA GARCIA Y MARIONA GRATACÒS I GRAU.
ADAPTACIÓN GRÁFICA: FRANCISCO DELGADO.

IMPRESIÓN Y ENCUADERNACIÓN: PROOST, BÉLGICA.

Bart Moeyaert

LA CREACIÓN

Ilustraciones de
Wolf Erlbruch

BARBARA FIORE EDITORA

Al principio no había nada. Cuesta mucho imaginar algo así. Imagina que todo lo que existe ahora todavía no existe. Prueba a apagar la luz, e incluso tú mismo has de desaparecer, y luego también debes olvidar la oscuridad, porque al principio no había nada, ni tan siquiera la oscuridad. Si quieres ver el principio de las cosas, debes hacer desaparecer muchas cosas. Incluso a tu madre.

Sólo debemos quedar Dios y yo. Cuesta mucho imaginar que sólo quedamos Dios y yo cuando ya te has hecho a la idea de que no hay nada, pero bueno, Dios y yo no somos gran cosa. Somos menos de lo que piensas. Somos esa pizca de aire que por la noche recorre el mundo. Somos un chaparrón sin lluvia. Ni siquiera somos la nieve que cayó el año pasado. Tan poca cosa somos.

Pero aun así estábamos ahí, al principio. Estábamos la nada, y Dios y yo... y una silla donde sentarse, porque durante mucho tiempo no hubo nada. Era espantoso.

Nunca habíamos oído hablar de lo inmediato. Nunca habíamos pensado en el mañana. No había ni un antes ni un «¡qué buen día hace hoy!», ni «¡una taza de té!», ni «¿te apetece una galletita para acompañar?», ninguna foto del perro con el periquito en la cabeza, no había mucho que contar, porque lo que veíamos ya lo habíamos mencionado todo desde un principio.

Por muchas vueltas que le dieras, por mucho que lo pusieras todo patas arriba o boca abajo, nada cambiaba, la nada seguía siendo la nada. Pero cuando le preguntaba a Dios cómo le iba, o cómo estaba su silla, levantaba el pulgar a la vez que asentía con la cabeza. Todo iba bien, respondía. Todo iba bien. Aunque no hubiera nada.

—Con algo de buena voluntad, verás cómo quedará todo —me explicó una vez, mientras abarcaba todo a su alrededor con ambas manos, pellizcando aquí y allí, como si tocara cosas que todavía no existían mucho antes de que estuvieran allí—. ¿Estás mirando? —preguntó—. ¿Lo ves?

Contaba lo que veía, llamaba las cosas por su nombre, pero si de todas las cosas sólo conocías de nombre la nada y una silla, no había modo de saber de qué hablaba. Una mesa tiene cuatro patas y un periquito en la cabeza, y sobre un perro puedes comer.

—Usted lo ve todo —le dije a Dios—. Tiene suerte, yo me muero de curiosidad.

Y fue justamente la respuesta correcta. La ventaja de la nada y de una única silla es sencillamente que son sólo dos cosas. Si eso es todo, no tienes demasiados motivos de preocupación.

—Principalmente me dan ganas de saber por dónde empezará —le conté a Dios, y le imité, pellizcando con los dedos en la nada. No fue muy educado por mi parte, pero la sonrisa que se le dibujó en la boca tampoco fue de las más amables, con tanta alegría anticipada por las cosas que todavía no existían... que en total eran muchísimas.

—Vamos a ver —dijo Dios, y abrió los brazos y creó algo.

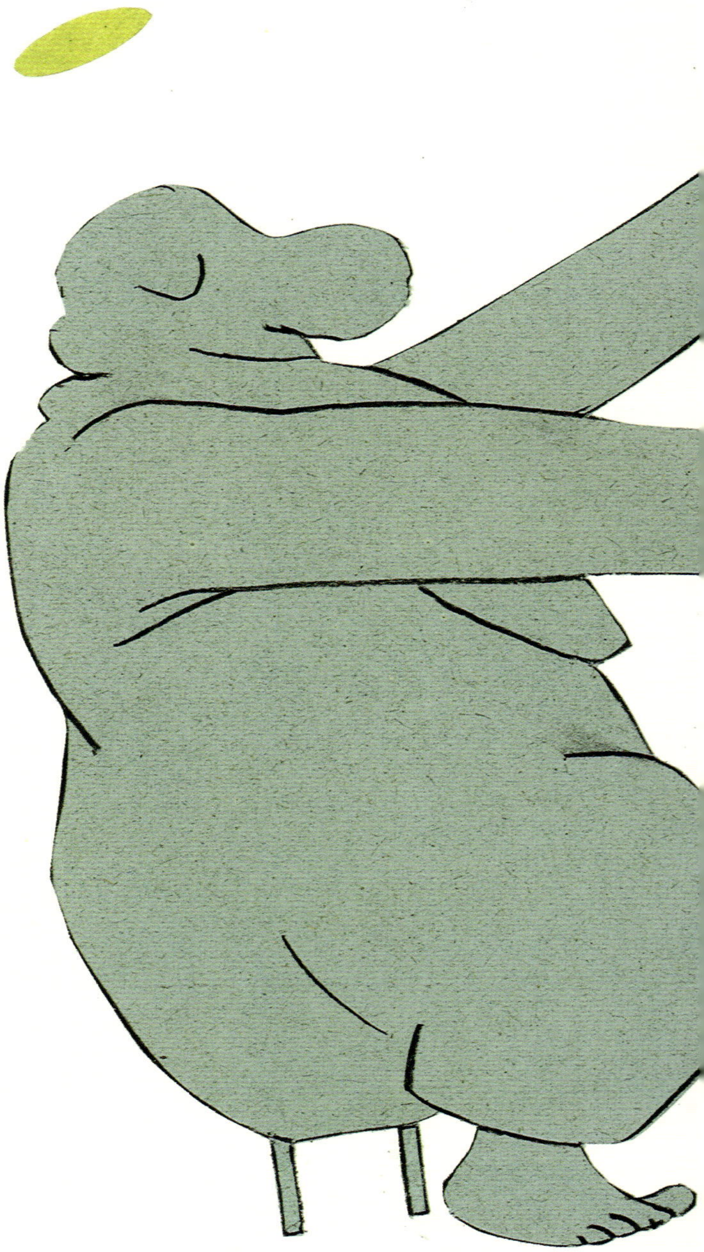

Fue algo que de buenas a primeras no pude ver: el día. No me di cuenta hasta unas horas después, cuando empezó a oscurecer.

—Bien —dijo Dios en el crepúsculo, y no pude verle bien, pero estoy seguro de que su pulgar no titubeó.

Cerré la boca. Si bien Dios y yo no somos gran cosa, incluso menos de lo que te imaginas, de los dos él es el más importante. En ese momento habría sido de mal gusto admitirlo. Quién sabe si quizá el día había oscurecido simplemente por sí solo, quizá el día y la noche eran partes de la nada, y quizá con la silla iba a pasar algo. Quién sabe si quizá yo no era quien era, y mi silla se convertiría inmediatamente en otra cosa.

—Bonito —afirmé, mientras contemplaba la noche y tamborileaba con los dedos sobre mi rodilla—. ¿Y ahora qué?

—Una mañana —anunció Dios, y sonrió; y, cruzando las manos tras la nuca, profirió un suspiro de satisfacción.

Estuve por decirle que no hacía falta que se diera tantos aires, pero no tuve ocasión. No se necesita demasiado para transformar la nada en algo. En el caso de Dios, bastó un suspiro de satisfacción.

En comparación con el principio, parecía que todo había quedado igual, como cuando creó la noche y el día. Sin embargo, todo era apariencia. Sentí cómo los pelos del brazo me empezaban a temblar, cómo se me movían los párpados y cómo empezaban a llorarme los ojos. Cuando no hay nada, todo movimiento se hace notar. Una vez estuve en una habitación en silencio cuando un ratón empezó a moverse. Es más: una vez estuve en una habitación en silencio cuando un ratón empezó a moverse y un gato despertó. Así fue tras aquel suspiro, y la cosa no mejoró. El viento persistió e incluso sopló con más fuerza. No tardaría en desatarse un temporal y todo acabaría chocando. Debía ser así.

–Uf –dije yo.

–Sí –asintió Dios. Y ¡hale!, otra vez el pulgar. Hacia arriba.

Miré a mi alrededor y lo vi: aquí estaba mojado, allá estaba seco.

—Casualidad —dije yo—. Pura casualidad.

—Bueno —siguió Dios, lamiéndose el pulgar y apretándoselo luego contra el pecho—. Tendría que ser muchísima casualidad. Pienso en tierra y pienso en agua, y aparecen la tierra y el agua. Algo tendremos que ver...

Y dejó los pies colgando en el mar mientras se recostaba, con las manos en la arena.

Por dentro me sentía totalmente abrumado. Me alegré de estar sentado, pero no me di por vencido. Todavía no había empezado nada, insistí. La nada estaba hecha de día y noche, de seco y mojado, de credulidad e incredulidad... y de una silla.

—Viento, viento en contra —dije mientras cruzaba los brazos intentando no ver lo hermosos que habían quedado la tierra y el mar—. Ahora tiene que pasar algo de verdad. Porque ya sea lo de este lado o lo de este otro, todos podemos inventar algo así. Y empecé a mover las manos para dejar claro a qué lados me refería.

Si Dios y yo somos poca cosa, entonces, de los dos, yo soy –seamos sinceros– el más insignificante. Una mota de polvo. Un único soplido, y desaparezco. Así de insignificante soy.

Hacía tres días que habíamos empezado por el principio cuando de repente Dios desenrolló una alfombra sucia, una alfombra de verde, de hierba y de tierra en la que crecían, brotaban y florecían todo tipo de cosas, y que se mecía al viento que llegaba después de haber viajado por encima del agua y de la tierra.

–Bien –dijo Dios.

–Bien –repetí yo, y podría haberme mordido la lengua, porque Dios era bondadoso, y más cosas aún, y yo era malo y casi nada. Agarrándome fuerte a la silla, dije que era bonito ver cómo todo permanecía en movimiento.

–Mira cómo crece y brota y florece, al viento, al viento, al viento.

Mi intención era dar a entender que nada de todo eso tenía ni pies ni cabeza. No sabía dónde estaba, dije. En mi silla, entre el día y la noche, entre el agua y la tierra y todo lo que crecía y brotaba y florecía. Era hermoso, pero ¿dónde estaba?

–¿Dónde? –le pregunté a Dios.

¿Y sabes qué hizo? Con las manos dibujó un círculo a mi alrededor, y de pronto supe dónde estaba. Sentado en mi silla, entre el sol y la luna y las estrellas y la lejanía más lejana que se extendía detrás de ellas, y cuando Dios puso nombre a todo lo que había en el cielo, me incorporé y grité «¡bien!», justo antes de que pudiera levantar el pulgar, el muy fanfarrón.

–Bien –repetí, y pellizqué con el dedo apuntando a Dios, como si ya pudiera tocar lo que quería contarle–. ¿Qué quiere de mí en realidad? ¿Por qué estoy aquí? ¿Para aplaudir? ¿Para correr a regalarle un ramo de flores por todo el esfuerzo? ¿O prefiere que excave un hoyo y me meta dentro para parecer aún más pequeño de lo que soy? Porque nunca pareceré lo suficientemente pequeño en comparación con lo que usted hace…

¿O había pensado incluso en algo para transmitirme la sensación de que voy encogiendo y de que a la larga acabaré siendo menos que nada? Usted crea una magnífica lejanía, la más lejana, pero entretanto, lo que tiene más cerca —y ése soy yo— casi ha desaparecido. Nunca antes me había sentido tan solo, bajo sus estrellas, sobre su tierra, al viento, al viento, al viento.

Y con ello pretendía decir que los arbustos y el resto de la espesura únicamente parecían cobrar vida si soplaba la brisa. ¿Qué me importaba todo lo que había creado? Luz y sombra, aroma y fuego, y un plátano para comer… pero por ninguna parte había otra planta con brazos y piernas como yo.

Dios se rió por lo bajo.

—Usted ríe —le dije—. Yo no.
—Me río de ellos, no de ti —me explicó Dios, y señaló el perro que tenía a mis pies, el periquito en mi cabeza, el gato que acababa de crear, pero que ya había cazado un ratón.

Todo tipo de criaturas querían subirse a mi regazo. Un cachorro de mono, un chivo, y si no querían subirse a mi regazo se colgaban de mis piernas o no se movían de donde estuvieran en aquel momento. Luego se arrastraban, o volaban o nadaban, y caminaban o trepaban, y a veces incluso más, o varias cosas a la vez.

Creo que tardé un día entero en verlo todo, e incluso entonces no lo había visto todo, y es que había cosas que se escondían, y había otras que apenas llamaban la atención porque estaban debajo de mi piel o de mis pelos o porque simplemente resultaba imposible verlas a simple vista, aunque me hubieran hecho señas con las dos patas.

—Bien —dije por encima del hombro, y lo hice sinceramente. Yo también alcé el pulgar y esperé a oír la voz de Dios a mi espalda.

—También bien —repetí por encima del hombro.

Hablaba con Dios. Y Dios estaba cansado. Cuando digo que Dios y yo somos poca cosa, no es más que una hipótesis. Una suposición mía. Nunca estaré seguro. Como he visto la nada, a veces algo puede ser muchísimo, y a veces casi nada también es muchísimo, y a veces casi nada es ridículamente poco. Y reflexionando al respecto, quién sabe, Dios lo es casi todo. Piensa en algo que aún no existe. Hazlo otra vez, y otra. Imagino que el hecho de crear cosas debe de llegarte al alma. Una vez hice un muñeco con pan, se suponía que tenía que representar un cordero.

–¡Qué caballo tan bonito! –me dijo mi madre, mientras lo untaba con mantequilla. Es tan fácil cometer fallos...

–Dios –dije, y me giré en la silla–. ¿Por qué ha creado primero la luz y después el sol? ¿No debería ser al revés? ¿No debería ser a la vez? ¿No cree que visto con perspectiva ha sido un esfuerzo vano? ¿No se arrepiente?

Me podría haber mordido la lengua. Lo que había empezado como una pregunta bien intencionada, de golpe dio un vuelco. Mi saliva se había convertido en veneno. El perro a mis pies empezó a revolverse y otros animales empezaron a inquietarse, pero Dios seguía mirando a su alrededor, imperturbable. Asintió con la cabeza en mi dirección, y yo asentí en dirección al resto del mundo, y le dije que todo estaba bien tal como estaba.

–Dios –empecé, y le di la espalda–. Eres estricto con todo menos conmigo. Admítelo de una vez: soy un error.

–De ningún modo –contestó. Con las manos, me señaló primero a un lado y después al otro. Eran distintos, pero, si te fijabas bien, se complementaban.

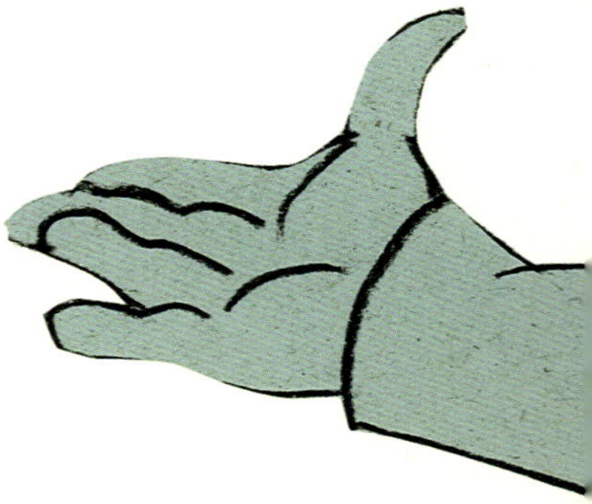

Entonces me señaló a mí y a una mujer. Había aparecido allí de sopetón. Era bonita e iba desnuda como yo, casi irradiaba luz.

—O quizá sí —dudó Dios.

El perro que tenía a mis pies se levantó de un salto y meneó la cola. Sin duda, podía contar como un pulgar.

Cuando la mujer y yo nos despertamos al día siguiente en nuestra cama de corderos, lo hicimos sin hacer ruido.

Dios dormía. Dios se había dormido. Había tenido una semana muy dura. Dormía boca abajo, con los brazos extendidos, y roncaba un poco. Hacia el atardecer, se tumbó de lado y farfulló unas palabras mientras dormía.

—Bueno —dijo, y también que éste era el último día de la semana. Pero ese día no había creado nada, nada, ya que nunca antes había hecho algo así.

—Tiene sentido —le dije a la mujer—. Tiene sentido.

Al principio la nada ya estaba ahí, pero no era la nada de Dios. Cuesta mucho imaginar algo así. Imagina que todo lo que existe ahora todavía no existe. Prueba a apagar la luz, e incluso tú mismo has de desaparecer, y luego también debes olvidar la oscuridad, porque al principio no había nada, ni tan siquiera la oscuridad. Si quieres ver el principio de las cosas, debes hacer desaparecer muchas cosas.

OTROS TÍTULOS PÚBLICADOS POR BARBARA FIORE EDITORA

EL TALLER DE LAS MARIPOSAS ISBN 84-933980-0-4
TEXTO DE GIOCONDA BELLI E ILUSTRACIONES DE WOLF ERLBRUCH

EL TIRANO, EL LUTHIER Y EL TIEMPO ISBN 84-933980-1-2
TEXTO DE CHRISTIAN GRENIER E ILUSTRACIONES DE FRANÇOIS SCHMIDT

EL ÁRBOL ROJO ISBN 84-933980-4-7
TEXTO E ILUSTRACIONES DE SHAUN TAN

LA COSA PERDIDA ISBN 84-933980-5-5
TEXTO E ILUSTRACIONES DE SHAUN TAN

EL NUEVO LIBRO DEL ABECEDARIO ISBN 84-933980-6-3
TEXTO DE KARL PHILIPP MORITZ E ILUSTRACIONES DE WOLF ERLBRUCH

CHUPACAZUELAS ISBN 84-933980-3-9
TEXTO DE GUILLAUME DE SANCY E ILUSTRACIONES DE ANTOINE MOREAU-DUSAULT

GRETA LA LOCA ISBN 84-933980-7-1
TEXTO DE GEERT DE KOCKERE E ILUSTRACIONES DE CARLL CNEUT

HADABRUJA ISBN 84-933980-9-8
TEXTO DE BRIGITTE MINNE E ILUSTRACIONES DE CARLL CNEUT